HANS FRH. v. KRESS
Ärztliche Fragen der Organtransplantation

ERNST HEINITZ
Rechtliche Fragen der Organtransplantation

SCHRIFTENREIHE
DER JURISTISCHEN GESELLSCHAFT e.V.
BERLIN

Heft 35

Berlin 1970

WALTER DE GRUYTER & CO.

vormals G. J. Göschen'sche Verlagshandlung · J. Guttentag, Verlagsbuchhandlung
Georg Reimer · Karl J. Trübner · Veit & Comp.

Ärztliche Fragen der Organtransplantation

Von
Professor Dr. Hans Frh. v. Kress
Berlin

Rechtliche Fragen der Organtransplantation

Von
Professor Dr. Ernst Heinitz
Berlin

Berlin 1970

WALTER DE GRUYTER & CO.

vormals G. J. Göschen'sche Verlagshandlung · J. Guttentag, Verlagsbuchhandlung
Georg Reimer · Karl J. Trübner · Veit & Comp.

Archiv-Nr. 27 27 70 1

Satz und Druck: ❦ Saladruck, Berlin 36

Ärztliche Fragen bei der Organtransplantation

Professor Dr. *Hans Frh. v. Kress*, Berlin

Der Erörterung von ärztlichen Fragen einer Organtransplantation einige Bemerkungen über den menschlichen Tod voraus-
zuschicken, dürfte einer gegenseitigen Verständigung dienlich
sein. Versagenszustände eines der großen Funktionssysteme,
nämlich der Herztätigkeit, der Atmung und der zentralnervösen
Aktivität infolge exogener oder endogener Einwirkungen sind
nach Wilhelm Maßhoff Gegebenheiten, die eine Bedrohung des
Lebens eines Vielzellers zeitigen.

Bei akuten Geschehnissen, beispielsweise Unfällen, Herz-
infarkt, Embolien und Gehirnschlag, kann der Tod innerhalb
von Sekunden, Minuten oder Stunden eintreten. Nach zehren-
den Krankheiten kommt es, sofern nicht interkurrente akute
Zwischenfälle sich einstellen, zu einer allmählichen Devitalisie-
rung, von der Wilhelm Maßhoff zutreffend bemerkt hat, daß sie
einen Prozeß darstellt, der Schritt für Schritt fortschreitet, bis
schließlich das zeitlich unscharf umrissene Ereignis Tod eingetreten ist. Das Sterben geht, wie Curt Oehme dargelegt hat,
immer von einer der wenigen, ganz hoch differenzierten und
dadurch empfindlichsten Stellen aus; alles übrige wird, mehr
oder weniger rasch, zuweilen aus vollster Vitalität, in die Kata-
strophe hineingerissen.

Ein begründetes Urteil über Sinn, Zweck und Wert menschlichen Lebens, auch krankhaften und dem Ende sich nähernden
Lebens abzugeben, ist wohl keinem Menschen möglich. Menschliches Leben in desolaten Fällen durch *aktives* Handeln vorzeitig
zu beenden, gilt deshalb nach der heute allgemein vertretenen
Anschauung als nicht statthaft, auch dann nicht, wenn die Be-
endigung auf den ausdrücklichen Wunsch des in depressiver Ver-
stimmung oder in Hoffnungslosigkeit sich befindenden Kranken
oder auf Wunsch mitleidsvoller Angehöriger hin vorgenommen
wird. Immer ist der spontane Herz- und Atemstillstand abzu-
warten. Ein anderer Sachverhalt ist gegeben, wenn es um das
Sterbenlassen geht, wenn in völlig aussichtslosen Fällen der Arzt

zu resignieren sich entschließt und dem Kranken sein Recht zum Sterben einräumt, wenn der Arzt den Grundsatz verläßt, menschliches Leben zu verlängern, solange es in menschlichen Kräften steht. Weil erst *neuerdings* ärztliche Möglichkeiten bestehen, das Leben eines Sterbenden noch zu verlängern, stellt sich das Problem der *Unterlassung* wirksamer therapeutischer Maßnahmen. Von einer Abschwächung der ärztlichen Lebenserhaltungspflicht hat der Jurist Günther Kaiser gesprochen. Sie ist in der Gegenwart aktuell geworden durch die neuzeitliche Steigerung ärztlichen Vermögens. In den absolut infausten Finalstadien einer Krankheit kann der Arzt wohl nicht mehr verpflichtet sein, verlöschendes Leben durch künstliche Stützung von Kreislauf, Atmung und Schlackenausscheidung oder durch Auffüllung reduzierten Blutvolumens für eine nicht ins Gewicht fallende Zeitspanne hinauszuziehen. Natürlich gehen in den Entschluß, einen Kranken in sicher hoffnungslosem Zustand sterben zu lassen, die subjektiven Sachverhalte der Zumutbarkeit schwer beeinträchtigten Lebens und des Mitleids mit ein. Als eindrucksvolles Beispiel hat der Schweizer Pädiater Tönz den Fall eines Kindes mit schwerster angeborener Gehirnmißbildung, mit hochgradigem Intelligenzverlust und Lähmung der Extremitäten geschildert, das akut an einer eitrigen Hirnhautentzündung erkrankte. In der Zeit vor der Einführung wirksamer Arzneistoffe wäre das Schicksal dieses Kindes besiegelt gewesen, heute besteht die Möglichkeit einer zuverlässigen Chemotherapie. Tönz hat im Hinblick hierauf die sehr schwerwiegende Frage gestellt, ob der Arzt nicht einem rein vegetativen Leben einen Respekt entgegenbringt, der nur dem Menschsein gebührt. Hier ist meiner Meinung nach aber zu berücksichtigen, daß ein selbst zu bemitleidendes Leben, das geliebt wird, keinen Preis hat.

Neue Probleme für das ärztliche Verhalten sind durch diejenigen Verfahren aufgetaucht, die als Reanimationsmaßnahmen bezeichnet werden. Es handelt sich hierbei um therapeutische Möglichkeiten, durch deren Einsatz es *allein* gelingt, Leben zu verlängern, das ohne diese einschneidenden Eingriffe mit Sicherheit in Kürze beendigt gewesen wäre. Im Aufhören der Herztätigkeit, dem augenblicklich Bewußtlosigkeit und alsbald der Stillstand der Atmung folgt, oder im Sistieren der Atmung, das in kürzester Zeit einen Herzstillstand zeitigt, konnte man bisher den eingetretenen und nicht mehr rückgängig zu machenden Tod erblicken. Wenn also kein Herzschlag mehr hörbar war und ein vor Mund und Nase gehaltener Spiegel als Zeichen der aufgehört habenden Atmung nicht mehr beschlug, dann durfte man den Tod feststellen, denn man konnte sicher sein, daß nach kurzer Frist die Körpertemperatur des Verstorbenen sich der Temperatur der Umgebung anpaßte und daß als zuverlässige Kriterien des Todes sich eine Muskelstarre und Totenflecken einstellten. Das Aufhören der Herztätigkeit und das Versagen der Atmung legen in Bälde auch sämtliche anderen Organe lahm.

In manchen Fällen sind wir nun aber in die Lage versetzt, einen akut aufgetretenen Herzstillstand mit Hilfe sachgerechter Herzmassage oder durch eine elektrische Stimulation zu beheben. Beispiele hierfür sind der unerwartete Herzstillstand in der Narkose und bei diagnostischen Eingriffen, etwa im Zusammenhang mit einer Katheterisierung des Herzens oder einer Kontrastmittelfüllung des Herzens oder auch der plötzliche Herzstillstand infolge einer Mangeldurchblutung des Herzens. Sinnvoll ist die künstliche Wiederingangsetzung der Herzaktion nur dann, wenn sie unmittelbar nach dem Herzstillstand vorgenommen wird, denn es entspricht der Erfahrung, es entspricht auch experimentell zu erhebenden Befunden, daß bereits nach einem drei bis vier Minuten lang anhaltendem Kreislaufstillstand damit zu rechnen ist, daß das erloschene Bewußtsein nie wieder zurückkehrt. Bestimmte Areale der Hirnrindenabschnitte, an die unser Bewußtsein gebunden ist, sind gegenüber einem Sauerstoff- und Nährstoffmangel so empfindlich, daß bei der genannten kurzfristigen Unterbrechung der Sauerstoff- und Nährstoffzufuhr die dort liegenden Zellen ihre Funktion unwiederbringlich einbüßen und dann dem Untergang anheimfallen. Einen Ersatz verlorengegangener Zellen unseres Zentralnervensystems gibt es nicht, denn es handelt sich bei ihnen um die einzige Zellart, die wir unser ganzes Leben hindurch behalten. Diese Zellen unterliegen nicht, wie die anderen Zellen unseres Körpers, einem ständigen Vergehen und Neuwerden. Höchst empfindlich gegenüber ausbleibender Sauerstoff- und Nährstoffversorgung sind auch die Herzmuskelzellen, woraus sich erklärt, daß nach einem wenige Minuten andauernden Kreislaufstillstand bei *normothermen* Menschen das Herz derart geschädigt ist, daß es eine optimale Erholung kaum mehr erfährt.

Im Falle einer drohenden oder bereits eingetretenen Atemlähmung, etwa im Zusammenhang mit eingenommenen Giftstoffen oder im Gefolge einer schweren Schädel-Hirnverletzung oder auf dem Boden einer entzündlichen Erkrankung im Bereich der für die Atmung zuständigen Steuerungszentren im Zentralnervensystem, besteht erst seit 1952 die Möglichkeit der künstlichen Beatmung, die anfänglich mit Hilfe der Eisernen Lunge erfolgte, heute mit andersartigen Beatmungsgeräten vorgenommen wird. Auf diese Weise wird der Organismus künstlich mit dem für alle Lebensäußerungen notwendigen Sauerstoff versorgt.

In den dargelegten Fällen ist also der mit Sicherheit zu erwartende Tod infolge von Herzstillstand oder Atemlähmung aufhebbar und so wurde im Hinblick hierauf der neue Begriff des klinischen Todes, des umkehrbaren Todes, eingeführt und ihm gegenübergestellt der unaufhebbare Tod, der auch als irreversibler Tod, als biologischer Tod, als Individualtod, als Gesamttod charakterisiert wurde.

Kehrt nach vorgenommenem rechtzeitigen Wiedereingangsetzen der Herztätigkeit bei einem Herzstillstand oder mit Hilfe der künstlichen Beatmung bei einem Atemstillstand das Bewußtsein wieder, dann kann in korrekter Übersetzung des Wortes Reanimation in der Tat von einer Wiederbeseelung gesprochen werden. Ist die kurze Frist für eine Erholung der Gehirnzellen aber überschritten, dann kehrt das Bewußtsein nie wieder, dann hat sich ein Teiltod von Gehirnzellen ereignet, dann ist ein Zustand eingetreten, in dem wesentlichste Äußerungen menschlichen Lebens in bleibenden Verlust geraten sind. Die Fortführung der künstlichen Beatmung eines irreversibel bewußtlosen Kranken ist über lange Zeiträume hinweg möglich, wenn auch der Gesamttod schließlich deswegen droht, weil komplizierende Infekte der Lungen oder der Harnwege und Allgemeininfektionen auf die Dauer nicht vermeidbar sind. Hierin liegt übrigens der Grund, weshalb Kranke, die über längere Zeit hinweg unter Reanimationsmaßnahmen gestanden haben, wegen der Schädigung ihrer Organe zu Transplantationszwecken ungeeignet sind.

Unsere Entscheidung, ob bei sich herausstellendem anhaltenden Bewußtseinsverlust die eingeleiteten Reanimationsmaßnahmen bis zum Eintritt des spontanen und nicht mehr rückgängig
zu machenden Herzstillstands fortgeführt werden sollen oder
schon vorzeitig abgebrochen werden dürfen, hängt, wie der
Chirurg Werner Wachsmuth sich geäußert hat, weitgehend davon ab, ob der Begriff des Lebens sich auf den Begriff des
spezifisch Menschlichen beschränkt oder ob man sich verpflichtet
fühlt, jedes menschliche Leben um jeden Preis zu erhalten und
zu respektieren, eben auch das Leben eines Menschen mit blei-
bender Bewußtlosigkeit. So ergibt sich die Frage, ob das Abstellen des Respirators, das ja eine *aktive* Handlung darstellt,
die zwangsläufig den Gesamttod des Kranken nach sich zieht, im
Sinne einer Tötung gewertet werden kann oder dem Begriff des
Sterbenlassens zuzuordnen ist. Es ergibt sich die Frage, ob der
Heilauftrag des Arztes dann endigt, wenn unter der Annahme
eines bleibenden Bewußtseinsverlustes allein die künstliche Beatmung den Kreislauf und die Stoffwechselvorgänge erhält und
dadurch der Zerfall aller Zellen des Organismus verhütet wird.
Wer den Aussagen zustimmt, daß das vegetative Leben eines
bewußtlosen Kranken mit irreversibler Hirnschädigung nicht
Leben im spirituellen Sinne sei, daß ein leibgebundener Geist
erhalten sein muß, damit wir von einem lebenden Menschen
sprechen können, wie es der Mediziner Kautzky geäußert hat,
der wird in solchem Fall das Abstellen des künstlichen Atmungs-
geräts für erlaubt ansehen. Der für alle Zukunft bewußtlose
Mensch ist des Substrats seiner geistig-seelischen Funktionen ver-
lustig gegangen. Er wird niemals eine Wiederherstellung seiner
geistigen Sendung, seiner Produktivität, seiner mitmenschlichen
Verbundenheit und seiner Erlebnisfähigkeit gewinnen. Er hat
aufgehört ein geistig-seelisch Werdender zu sein, er hat die
Kraft auf ständige Erneuerung verloren. Wenn man solcher
Argumentation folgt, bekennt man sich dazu, daß der gehirnlos
gewordene Mensch, dessen Herz noch schlägt und dessen Atmung
spontan noch vor sich geht oder künstlich aufrecht erhalten
wird, ein Tötungsobjekt darstellt.
    Der nicht mehr aufhebbare Bewußtseinsverlust als Grundlage
einer Todeserklärung ist in mehreren Ländern, so auch in einer
Stellungnahme der Deutschen Gesellschaft für Chirurgie, sowie
von der Weltgesundheitsorganisation und dem Weltärztebund

als gerechtfertigt anerkannt worden, allerdings ausschließlich bei
den für eine Herztransplantation in Betracht kommenden Fällen. Nur bei letzteren wird konzediert, daß das Ende des Sterbens nicht abgewartet zu werden braucht.

Allein auf die Übereinkunft, daß der das Bewußtsein end-
gültig verloren habende Mensch als bereits tot erklärt werden
kann, stützt sich die Berechtigung zur Vornahme einer Herztransplantation. Eine solche verspricht nämlich nur dann Erfolg,
wenn das nicht grob vorgeschädigte Herz lebensfrisch dem
Organismus des Spenders entnommen wird. Bereits vor dem
Eintritt des klinischen Todes des Spenders, vor dem Stillstand
des Herzens muß dieses zum Zweck der Übertragung auf einen
anderen Menschen verschiedenen Maßnahmen unterzogen werden, die notwendig sind, damit es seine Funktion im Empfän-
gerorganismus wieder aufzunehmen imstande ist, nämlich einer
Unterkühlung des sterbenden Organismus, einer Durchströmung
des Organismus mit der Herz-Lungen-Maschine und der Prä-
paration des Herzens für den Eingriff (O. Pribilla). Weil das
Herz nach einer schweren Hirnschädigung noch geraume Zeit
überleben kann, können für die Entnahme eines geeigneten
Herzens nur jene Menschen verwendet werden, bei denen eine
akute gravierende Schädel-Hirn-Verletzung oder eine akut auf-
getretene massive Hirndrucksteigerung infolge einer Gehirn-
blutung den endgültigen Bewußtseinsverlust vermuten lassen.
Solange allerdings auch nur mit einer geringen Wahrscheinlich-
keit damit gerechnet werden darf, daß derart Verletzte oder
Erkrankte ihr Bewußtsein wieder erlangen könnten, wird bei
etwaigem Aussetzen der Atmung die Einleitung einer künstlichen Beatmung zwingendes Gebot sein. Beim Verunfallten wie
beim Kranken, bei dem eine Blutung oder eine Zirkulationsunterbrechung Gehirnteile, die für das Bewußtsein maßgebend
sind, geschädigt haben, darf unterstellt werden, daß er ein
Interesse an der Fortführung seines Lebens hat. Ein Einver-
ständnis zu unseren Maßnahmen kann der Bewußtlose selbst-
verständlich nicht erklären.

Es ist Wawersik recht zu geben, wenn er sagte, daß die
Reanimationsverfahren heute zum Rüstzeug der modernen
Medizin geworden sind. Angesichts der errichteten zahlreichen
Zentren und der Möglichkeiten einer raschen Verbringung von
Kranken dorthin, können die Reanimationsverfahren nicht

mehr als unübliche Heilmaßnahmen bezeichnet werden, was besagen will, daß es nicht entschuldbar ist, wenn nicht alles versucht wurde, einen möglicherweise aussichtsreichen Fall solcher Behandlungsmethode zuzuführen.

Den Todeszeitpunkt auf den Zeitpunkt der Feststellung des irreversiblen Bewußtseinsverlusts festzulegen, gilt also aus rein praktischen Erwägungen heraus nur für diejenigen Fälle, die durch die Opferung ihres Herzens einem anderen Menschen Nutzen zu bringen vermögen. In allen anderen Fällen, mag es sich um die Bewußtlosigkeit eines erfolglos reanimierten Kranken oder um eine Bewußtlosigkeit handeln, die sich im Ablauf einer akuten oder einer chronischen Krankheit innerhalb des Sterbensvorgangs ereignet, fällt nach wie vor der Todeszeitpunkt und damit die Todeserklärung mit dem Eintritt des unaufhebbaren Herzstillstands oder der unaufhebbaren Atemlähmung zusammen. Es ist nicht denkbar, einen menschlichen Organismus, selbst wenn bei ihm ein irreversibler Hirntod eingetreten sein sollte, der Erde oder den Flammen zu übergeben, solange Herz und Atmung spontan oder infolge künstlicher Unterstützung noch funktionieren. Solchen Organismus mit isoliertem Hirntod zwar als tot erklären, für ihn aber keinen Leichenschauschein ausstellen zu dürfen, erscheint zunächst als ein gewisser Widerspruch, der sich nur dadurch auflösen läßt, daß man von einer Leiche allein dann zu sprechen berechtigt ist, wenn ein Organismus in seinen sämtlichen Bestandteilen tot ist, daß aber ein Organismus mit eingetretenem Hirntod, jedoch noch restlichen Lebenserscheinungen nicht unter den Begriff der Leiche fällt. Das zur Transplantation entnommene Herz kann dann rechtlich nicht als Leichenteil bezeichnet werden. Früher hat es keinen Toten ohne bestattungsfähige Leiche gegeben, heute wird ein Tod ohne Leiche weitgehend anerkannt.

Das Unbehagen, das angesichts von Herztransplantationen nicht ganz aus dem Weg zu räumen ist, beruht auf der Frage, wie lange der Empfänger eines fremden Herzens mit seinem eigenen, wenn auch schwer leistungsgeminderten Herzen noch gelebt hätte, ohne die Transplantation wahrscheinlich länger, wenn, wie so häufig, bald nach dem Eingriff der Tod eintrat. Das Unbehagen beruht des weiteren auf der Frage, ob der Organismus, dem das Herz entnommen wurde, auch wirklich einen nicht wiederherstellbaren Bewußtseinsverlust erlitten hat.

Die Beantwortung beider Fragen stützt sich, von seltenen als einwandfrei anzuerkennenden Ausnahmen abgesehen, auf prognostische Mutmaßungen. Einer Prognose aber kann, wie Eugen Ansohn einmal richtig bemerkt hat, immer nur ein statistisch-empirisch begründeter Wahrscheinlichkeitswert zukommen, nicht aber ein definitiver Urteilswert. Nach Hirnverletzungen und Schlaganfällen, die zunächst sehr ausgedehnt und hoffnungslos erschienen, sind gelegentlich einmal unerwartete Wiederherstellungen der Hirnfunktion spontan oder im Anschluß an eine erfolgreiche Reanimation beobachtet worden. Das Kriterium irreversibel ist entscheidend für die Annahme des Gehirntodes, ist aber am schwierigsten zu beurteilen, so hat Wilhelm Maßhoff mit Recht gesagt.

In jener Erklärung der Deutschen Gesellschaft für Chirurgie zu den Todeszeichen und der Todeszeitbestimmung sind Symptome herausgestellt worden, die nicht einzeln, sondern in ihrer Gesamtheit auf einen nicht wiederherstellbaren Bewußtseinsverlust hinzudeuten vermögen und als Grundlage für die Annahme eines noch vor dem Aussetzen der Herzaktion eingetretenen Hirntodes gelten können. Diese Symptome bestehen in Bewußtlosigkeit, fehlender Spontanatmung, beidseitiger maximaler Pupillenerweiterung, fehlender Lichtreaktion der Pupillen und einer isoelektrischen Linie im Elektroenzephalogramm unter angemessenen Ableitungsbedingungen während einer einstündigen kontinuierlichen Beobachtungsdauer, des weiteren in einem Fortbestand der drei erstgenannten Symptome mit nochmaligem Nachweis der Isoelektrizität im Elektroenzephalogramm nach 12 Stunden. Als ein sehr ausschlaggebendes Symptom wird demnach das über eine bestimmte Zeit sich erstreckende Fehlen jeglicher Ausschläge im Elektroenzephalogramm angesehen. Die überwiegende Meinung derjenigen Autoren, die sich mit der Aussagekraft elektroenzephalographischer Befunde eingehend befaßt haben, geht dahin, daß in den Fällen einer akuten Schädel-Hirn-Verletzung und einer akuten Hirndrucksteigerung, aber nur in diesen Fällen, auf Grund der zeitlich genau angegebenen anhaltenden Stille des Elektroenzephalogramms im Verein mit den erwähnten klinischen Symptomen der nicht mehr zu behebende Hirntod angenommen werden darf.

Kranke, bei denen nach der angegebenen Frist da und dort einmal ein stumm gewordenes Elektroenzephalogramm doch wieder Zeichen einer Aktivität des Gehirns darbot, so daß eine Wiederkehr des Bewußtseins nicht absolut sicher von der Hand zu weisen war, sind erfahrungsgemäß von einer Bewußtlosigkeit befallen gewesen, die anderen ursächlichen Bedingungen als einer akuten schweren Schädel-Hirn-Verletzung oder einer akuten Hirndrucksteigerung zuzuschreiben war.

Mit aller Sicherheit wäre der endgültige Hirntod zu beweisen, wenn eine Kontrastmittelfüllung der in das Gehirn ziehenden Arterien einen vollkommenen Stillstand des Hirnkreislaufs über eine genau festgelegte Zeitspanne hinweg röntgenologisch erkennen läßt. In diesen Fällen ist mit Bestimmtheit anzunehmen, daß das Gehirn in seiner Gesamtheit zerstört und funktionslos geworden ist, so daß eine Wiedererweckung des Bewußtseins ausgeschlossen werden kann und der definitive Verfall aller Organfunktionen nach einem sehr kurzen zeitlichen Intervall erwartet werden darf. Nach einem über 30 Minuten hinweg nachgewiesenen Kreislaufstillstand im Gehirn stehen einer Organentnahme keine ärztlichen und wohl auch keine rechtlichen Bedenken entgegen. Eine Beschränkung auf diese Fälle würde allerdings die Zahl der Herztransplantationen erheblich reduzieren.

Die erst seit zwei Jahren zur Ausführung gekommenen Herzübertragungen bieten gewiß die Möglichkeit der Verlängerung dieses oder jenes menschlichen Lebens. Sie könnten damit einen Fortschritt im ärztlichen Wirken darstellen, dessen weiteren Ausbau bestimmt niemand zu hindern beabsichtigt. Immerhin steht, wie Werner Wachsmuth ausgeführt hat, heute noch nicht fest, ob es sich in der Tat um einen Fortschritt handelt, oder nicht vielmehr um einen Irrweg, oder, was vielleicht noch schlimmer ist, um einen unnötigen opfervollen Umweg. Das Problem der operativen Technik ist gelöst, aber noch ist das postoperative Risiko deswegen sehr groß, weil jeder Organismus gegen das ihm eingepflanzte Zelleiweiß eines anderen Organismus Stoffe bildet, mit denen er sich gegen das fremde Eiweiß wehrt und das ihm implantierte Organ abzustoßen versucht. Die biochemische Individualität eines Organismus steht seiner geistig-seelischen Individualität nicht nach. In der Beschaffenheit seiner Eiweißkörper ist jeder Organismus einzigartig. Um die Abstoßungsreaktionen zu mildern, verfügen wir über gewisse Beeinflussungsmöglichkeiten, die allerdings ihrer-

seits der allgemeinen Abwehrkraft des Organismus gegenüber
Bakterien eine Beeinträchtigung zufügen. Die Abstoßungsreaktion völlig zu unterbinden, ist bisher noch nicht gelungen. Es
steht jedoch zu erwarten, daß noch wirksamere als uns heute in
die Hand gegebene Verfahren ermittelt werden und dadurch die
Risiken einer Organübertragung eine Minderung erfahren. Von
dem weithin bekannten Chirurgen René Leriche, der übrigens
ein bemerkenswertes Buch über die Philosophie der Chirurgie
geschrieben hat, stammt die nicht zu widerlegende Aussage, daß
unsere kostbarsten therapeutischen Entdeckungen, die sowohl
die Bedingungen wie die Dauer des menschlichen Lebens ver-
änderten, zu allen Zeiten einigen das Leben gekostet haben. Dies
gilt nicht nur für die operativen Verfahren, sondern genauso für
zahlreiche pharmakotherapeutische Methoden.

Mit der Vornahme von Organtransplantationen ergibt sich
der für die Medizin ganz neue Tatbestand, daß zu dem Kranken
und seinem Arzt ein für die Heilbehandlung ausnützbarer dritter
menschlicher Körper tritt und zwar im Falle einer Herztransplantation ein urteilsunfähiger, gehirnlos gewordener, aber sonst
biologisch noch kürzer oder länger lebensfähiger Organismus.
Der Spender eines Herzens ist ein menschlicher Organismus, der
einen irreversiblen Teiltod, nämlich von Teilen seines Gehirns
erlitten hat, und dem Gesamttod entgegenzugehen sich anschickt,
so hat der Würzburger Neurochirurg Gerlach sich ausgedrückt.
Ob in der Zukunft die Herzen bestimmt herangezüchteter Tier-
stämme zur ungefährlicheren Transplantation herangezogen
werden oder ob das Kunststoffherz obsiegt, wage ich nicht zu
prophezeien.

Im Zusammenspiel der das Leben gewährleistenden Organ-
systeme hat Wilhelm Maßhoff neben Kreislauf und Lungen auch
die Nieren insofern als schwache Punkte bezeichnet, als sie das
Milieu interne bestimmen, das für die Erhaltung des organis-
mischen Lebens unbedingte Voraussetzung ist. Wir verfügen
noch gar nicht sehr lange über die Möglichkeit, den durch ein
akutes Versagen der Nierenfunktion alsbald eintretenden Tod
mit Hilfe der sog. Künstlichen Niere zu verhüten und damit die
Zeit zu überbrücken, die zur spontanen Erholung der geschädig-
ten Niere erforderlich ist. Außerhalb des Körpers befreit die
Maschine, die als Künstliche Niere bezeichnet wird, das Blut von
denjenigen Stoffen, die durch die Niere ausgeschieden werden

sollen und bei ihrer Anhäufung in den Körpersäften eine endogene tödliche Vergiftung verursachen. Im Falle einer *chronischen* Leistungsschwäche der Nieren kann durch regelmäßig wiederholten Anschluß an die Künstliche Niere der Tod um eine vielfach beträchtliche Zeit hinausgeschoben werden, damit dann vielleicht, wenn sich die Gelegenheit hierzu ergibt, durch die Transplantation einer Niere der Versuch gemacht wird, den Kranken zu befreien von der Belästigung durch den zweimal wöchentlich vorzunehmenden Anschluß an die Künstliche Niere und der damit verbundenen Abhängigkeit von einer Apparatur. Es kommt hinzu, daß bei sehr lange durchgeführter extrakorporaler Dialyse thrombotische Verschlüsse der Gefäße, durch die das Blut heraus- und wieder hineingeleitet wird, oder Komplikationen in Form von Infekten die Fortsetzung dieses Verfahrens erschweren oder gar unmöglich machen. Leider muß einer Aussage von Buchborn zugestimmt werden, derzufolge bei uns immer noch die Zahl derjenigen, die auch unter der Last einer Dauerdialysebehandlung weiterleben wollen, so groß ist, daß die Kapazität der bestehenden Nierenzentren die Versorgung aller Kranken nicht zuläßt. Es wächst auch die Zahl der Nierenkranken, bei denen sich die Indikation für eine Transplantation ergibt. Zu transplantierende Nieren stehen aber nur selten zur Verfügung. Diese Sachverhalte bringen den bösen, die Ärzte entsetzlich belastenden Umstand mit sich, unter den anstehenden Anwärtern einer Dauerdialysetherapie oder einer Transplantation eine Auswahl treffen zu müssen. Die Ärzte können damit der Wertung nicht ausweichen, welches Leben aus welchen Gründen das wertvollere zu sein scheint.

Die Niere, die ein paariges Organ darstellt, kann von einem lebenden Angehörigen gewonnen werden, der eine seiner Nieren freiwillig zu opfern bereit ist. Für die juristische Beurteilung könnte es vielleicht von Interesse sein, daß die Einverständniserklärung des Spenders erfahrungsgemäß vielfach einem Einfluß von außen zugeschrieben werden muß, etwa dem Drängen eines verzweifelten Ehepartners, wenn es darum geht, einem Sohn oder einer Tochter die Niere zu spenden. Auch die geforderte Aufklärungspflicht, die sich darauf zu erstrecken hat, den Spender wie den Empfänger über die möglichen Gefahren und Folgen des Eingriffs zu unterrichten, ist, wie jede Aufklärung eines immer zwischen Furcht und Hoffnung lebenden Kranken davon abhängig, wie sie vorgenommen wird. Man braucht keine der prognostischen Möglichkeiten unerwähnt zu lassen, kann aber durch den Unterton einer etwas zu optimistischen oder zu pessimistischen Darstellung auf den Entschluß des Kranken nachdrücklich einwirken. Eine Nierentransplantation ist auch möglich mit Hilfe der Verwendung einer Leichenniere. Verliert infolge der Abstoßungsreaktion die implantierte Niere ihre Funktion, dann ist der Ausweg noch vorhanden, den Kranken mittels einer wiederaufzunehmenden Dauerdialysebehandlung noch für längere Zeit am Leben zu erhalten. Bei dem Versagen der Funktion übertragener einpaariger Organe, wie des Herzens, der Leber und der Bauchspeicheldrüse, ist solche Möglichkeit nicht gegeben.

Rechtliche Fragen der Organtransplantation

Professor Dr. *Ernst Heinitz*, Berlin

1. Nachdem Professor von Kress eindrucksvoll die Möglichkeiten und Grenzen der Organtransplantation nach dem heutigen Stand der ärztlichen Wissenschaft dargelegt hat, sollen die Rechtsfragen, die sich auf Grund der neuen Erkenntnisse und Möglichkeiten ergeben, kurz umrissen werden.

Sie sind in den letzten Jahren im In- und Ausland häufig erörtert worden. Dabei wird nicht selten die Frage gestellt, ob der Mediziner oder der Jurist die Grenzen der Zulässigkeit von derartigen Eingriffen zu bestimmen habe. Man kann sich des Eindrucks nicht erwehren, daß hier anders als bei den üblichen Fragen im juristischen und medizinischen Grenzgebiet, eine Art negativer Kompetenzkonflikt vorliegt. Die Juristen wollen die Frage, in welchem Zeitpunkt der Tod eintritt, welchen Einfluß die Möglichkeit der Reanimation darauf hat und wie lange diese in Gang gehalten werden muß, der ärztlichen Standesethik überlassen; die Ärzte verlangen dagegen vom Recht eine eindeutige Antwort auf die Fragen, die sie in schwere Gewissenskonflikte versetzen, wenn sie von ihnen entschieden werden sollen. In abstracto muß dazu gesagt werden, daß Recht und Gesetz alle menschlichen Beziehungen regeln. Wieweit aber das Recht sich in einzelnen bestimmten Fragen auf die ärztliche Standesethik beziehen kann oder muß, ist damit noch nicht entschieden.

2. Da die Organverpflanzung verschieden zu beurteilen ist, je nachdem ob das zu verpflanzende Organ einem Lebenden oder einem Toten entnommen wird, ist die Bestimmung des Zeitpunktes des Todeseintritts des Spenders von entscheidender Bedeutung. Dabei ist darauf hinzuweisen, daß die Erfolgsaussichten für die Transplantation im allgemeinen größer ist, wenn das Organ eines Lebenden übertragen wird. Die Notwendigkeit, innerhalb einer sehr kurzen Frist von dem soeben Verstorbenen das zu verpflanzende Organ zu entnehmen, erfordert, wie Hin-

derling[1] mit Recht ausgeführt hat, eine Synchronisierung des
Eingriffes am Spender mit dem Eingriff am Empfänger. Solange
die Bestimmung der Todeszeit nur mit Rücksicht auf den Sterbenden erfolgte, konnte ein spätliegender, aber sicherer Zeitpunkt gewählt werden, in dem unzweifelhaft alle lebenswichtigen Funktionen: Kreislauf, Atmung und Gehirntätigkeit, end-
gültig ausgesetzt haben. Jetzt aber bedeutet die Festlegung eines
späten, aber sicheren Zeitpunktes die Unmöglichkeit, bestimmte
Transplantationen überhaupt vorzunehmen und dadurch Menschenleben zu retten. Die Frage war auch insofern früher ein-
facher, als der Stillstand der Herztätigkeit in kurzer Frist auch
den Gehirntod herbeiführte. Es bestand daher keine Notwendigkeit, den Todeseintritt anders, als es seit Jahrtausenden
üblich war, das heißt nicht mehr als den Herz- und Kreislaufstillstand („den letzten Atemzug"), zu bestimmen. Im übrigen
hat Herr von Kress dargelegt, daß auch die Herzmuskelzellen
nach wenigen Minuten andauernden Kreislaufstillstandes derart
geschädigt sind, daß das Herz eine optimale Erholung nicht
mehr erfährt. All dies besagt, daß Organtransplantationen
wenigstens bei bestimmten Organen, namentlich dem Herzen,
nur dann überhaupt möglich sind, wenn die Bestimmung des
Zeitpunktes des Todes nicht allzu weit hinausgeschoben wird.

Andererseits besteht Einigkeit darüber, daß eine Festlegung
des Todeszeitpunktes auf einen frühen Termin nicht nur deshalb
erfolgen darf, um Herz- oder andere Organtransplantationen
zu ermöglichen. Aber unabhängig von der Frage der Organ-
spende hat die Entwicklung der Heilkunde zu der Tendenz
geführt, den Zeitpunkt des Todes schon vor das Aufhören *aller*
lebenswichtigen Funktionen zu verlegen. Da die modernen
Techniken er erlauben, den Kreislauf künstlich auch nach einem
gewissen Stillstand wieder zu beleben und durch Anschluß an
entsprechende Geräte aufrechtzuerhalten, mußte die Frage gestellt werden, ob diese Behandlung solange fortgesetzt werden
muß, wie der Kreislauf überhaupt aufrecht erhalten werden
kann, und ob dies auch dann gilt, wenn mit Sicherheit feststeht,
daß der Kranke nie wieder zu Bewußtsein kommen wird. Wenn
die Gehirnfunktion unwiderruflich beendet ist, kann nicht sinnvoll verlangt werden, daß der Anschluß an die Herz-Lungen-

---

[1] SchwJZ 1968, S. 66.

Maschine oder die sonstige Prozedur auf unbeschränkte Zeit aufrecht erhalten bleiben. Umgekehrt kann, worauf Spann[2] und Liebhardt[2] hingewiesen haben, die Tatsache der Atmung mit fremder Hilfe im Gegensatz zur spontanen Atmung schon deshalb nicht das einzige Kriterium für die Abgrenzung von Leben und Tod sein, weil sonst auch alle nur zeitweilig künstlich beatmeten Patienten, z. B. solche, die an Polyomelitis erkrankt sind, vor diesem Eingriff de jure bereits tot gewesen wären. Es muß vorläufig jeder Stillstand von Atmung und Kreislauf, der künstlich wieder aufgehoben werden kann, als reversibler Stillstand bezeichnet werden oder in der Fachsprache, die sich neuerdings durchgesetzt hat, als klinischer Tod, der reversibel ist im Gegensatz zum nicht reversiblen biologischen Tod.

3. Der Jurist muß zunächst davon ausgehen, daß der Todesbegriff nicht gesetzlich festgelegt ist, ebensowenig wie etwa der Zeitpunkt, in dem der Schutz des keimenden Lebens beginnt[3]. Der Gesetzgeber ist in dem einen wie dem anderen frei, Beginn und Anfang des Lebens im rechtlichen Sinn festzulegen, wobei er die biologischen Grundtatsachen nicht außer acht lassen wird. Solange er nicht gesprochen hat, ist der Jurist nicht gehindert, den Eintritt des Todes entsprechend modernen, im Zusammenhang mit der ärztlichen Wissenschaft neu zu bestimmenden Kriterien festzusetzen. Darüber, daß dies erforderlich ist, besteht im in- und ausländischen Schrifttum Einmütigkeit, eben weil der „letzte Atemzug", der Herz-Kreislaufstillstand, nach heutigen Erkenntnissen nicht irreversibel ist. Der Arzt, der es vorsätzlich unterläßt, die entsprechenden Reanimationsversuche anzustellen, ist daher der Tötung eines Menschen schuldig, wenn festgestellt werden kann, daß diese Verfahren den Herz- und Kreislaufstillstand aufgehoben hätten.

Es stellt sich somit die Frage, ob statt des klinischen Todes, das heißt des Stillstandes von Herz und Kreislauf, der durch Reanimation reversibel ist, ein anderer Zeitpunkt gewählt werden kann.

Es ist heute unbestritten, daß die Zellen des menschlichen Körpers eine unterschiedliche Wiederbelebungszeit nach Still-

---

[2] Münchner Medizinische Wochenschrift (MMW) 1966, S. 1410 ff.

[3] Es ist zweifelhaft, ob letzterer mit der Befruchtung des Eies oder mit dessen Festsetzung in der Gebärmutter, der sogenannten Nidation, eintritt. Hierzu *Geilen* FamRZ 1968, S. 129.

stand des Kreislaufes haben. Besonders kurz ist diese Zeit, wie Herr von Kress ausgeführt hat, für die Gehirnzellen. Sie beträgt bei ihnen 3—4 Minuten. Für das Herz beläuft sie sich nach Wawersik[4] (Heidelberg) auf 1½ Stunden, für die Leber auf 20—30 Minuten, für die Niere auf 2½ Stunden, für die Galle auf 30—60 Minuten. Das ist die sogenannte Ischämiezeit, d. h. die Strukturerhaltungszeit. Transplantationen sind nur möglich, ehe die genannten Zeiten abgelaufen sind. Wenn der Herz- und Kreislaufstillstand in dem Sinne irreversibel geworden ist, daß er künstlich durch Beatmungs- und sonstige Geräte aufrecht erhalten werden, aber nie wieder ohne solche Apparate von sich aus funktionieren kann, so können zwar in einem solchen Fall andere Organe des Menschen wenigstens für eine gewisse Zeit — keinesfalls unbegrenzt — in Funktion erhalten werden. Es bestehen jedoch erhebliche Bedenken dagegen, diesen Zeitpunkt, also die Irreversibilität des natürlichen Herz- und Kreislaufstillstandes, auch als biologischer Tod bezeichnet, für maßgebend zu erachten.

Die lange künstliche Aufrechterhaltung der vegetativen Funktion, d. h. Herz und Kreislauf und Ernährung können für den Patienten sinnlos sein, wenn feststeht, daß er nie wieder sein Bewußtsein zurückerlangen kann, und für seine Angehörigen eine unzumutbare Qual bedeuten.

Wenn die Sterbehilfe heute entweder für ganz unzulässig gehalten oder nur in ganz engen Grenzen für vertretbar angesehen wird, so dürfte sich langsam ein Wandel der Ansichten vorbereiten.

Problematisch ist namentlich die Sterbehilfe mit mehr oder weniger erwünschter und mehr oder weniger unvermeidlicher Lebensverkürzung, auch indirekte Euthanasie genannt. Die rechtliche Beurteilung ist umstritten; daß sie praktisch von barmherzigen Ärzten nicht selten ausgeübt wird, dürfte kaum zweifelhaft sein. Strafverfahren müßten meistens an der Beweisfrage scheitern. Die Sterbehilfe mit gezielter Lebensverkürzung, sogenannte direkte Euthanasie, kann, wenn sie vom entscheidungsfähigen Sterbenden selbst bewirkt wird, etwa durch Verweigerung der Zustimmung zu lebensverlängernden Maß-

---

[4] Vortrag über die „Bestimmung des Todeszeitpunktes", im Druck befindlich.

nahmen, straflose Selbsttötung, beim Arzt straflose Beihilfe
dazu sein. Wenn der Patient nicht fähig ist, Entscheidungen zu
treffen, könnte hier ein Delikt gegen das Leben vorliegen, wenn
auch Strafminderungsgründe vorliegen mögen.

Von dieser direkten Euthanasie sollte man mit Ehrhardt[5] das
Absehen von künstlicher Lebens- und Leidensverlängerung
unterscheiden. Es handelt sich um Fälle, in denen der natürliche
Tod nur durch besonderen technischen Aufwand hinausgeschoben werden kann, und dies, obwohl keine Aussicht auf Heilung
besteht, oder „bestenfalls" schwere Defekte und ständiges Siech-
tum zu erwarten sind.

Ich bin entschieden der Ansicht, daß die vereinfachende Antwort, der Arzt müsse alles technisch Mögliche tun, um das Leben
zu verlängern, wie immer das Weiterleben beschaffen sein mag,
falsch ist. Diese Auffassung findet mehr und mehr Anhänger.

In England setzt sich eine 1935 gegründete Gesellschaft für
Euthanasie für das „mercy killing", den Gnadentod[6] ein. Es
wächst langsam die Einsicht, daß es der allgemeinen menschlichen so wenig wie der ärztlichen Ethik entsprechen kann, in
einen Krankheitsprozeß in einer Weise einzugreifen, die den
Kranken am Leben erhält, obwohl dies nach ärztlicher Voraus-
sicht zu schweren und nicht zu beseitigenden Qualen führen
muß. Nicht nur ist, um mit Binding zu reden[7], „die Ersetzung
der schmerzhaften, vielleicht noch länger andauernden, in der
Krankheit wurzelnden Todesursache durch eine schmerzlose
andere" keine Tötung, sondern darüber hinaus hat die ärztliche
Pflicht, das Leben zu verlängern, dort ihre Grenzen, wo dies
nach unseren sozialethischen Auffassungen nicht nur sinnlos,
sondern auch eine unzumutbare Grausamkeit wäre. Erschüt-
ternde Beispiele haben Simson[8] und Ehrhardt[9] gebracht. Die
Wohltat der modernen lebensverlängernden Technik darf nicht
zur furchtbaren Plage für den werden, dem das Recht auf seinen
natürlichen, nicht ernsthaft aufhaltbaren Tod versagt wird.

---

[5] Euthanasie und Vernichtung „lebensunwerten" Lebens, S. 6.
[6] *Erhardt*, Euthanasie und Vernichtung „lebensunwerten Lebens" 1965 S.
18 ff.
[7] In Binding-Hoche: „Die Freigabe der Vernichtung lebensunwerten
Lebens. Ihr Maß und ihre Form".
[8] NJW 1964, S. 1156.
[9] A. a. O., S. 18 ff.

Bei der Lösung des Problems, den Todeszeitpunkt neu zu bestimmen, kann diese Tendenz, auch wenn sie noch keinen Niederschlag in der Gesetzgebung gefunden hat, nicht unbeachtet bleiben. Sie ist ein Argument dafür, den biologischen Tod nicht als den rechtlich entscheidenden Zeitpunkt anzusehen. Dieser ist auch deshalb hierzu wenig geeignet, weil er zu sinnlosen ärztlichen Techniken der Lebensverlängerung zwingen würde, namentlich wenn das Bewußtsein schon erloschen ist und nie wieder entstehen kann.

Es darf auch nicht vergessen werden, daß die Aufrechterhaltung von Herz- und Kreislauftätigkeit einen erheblichen Einsatz von geschultem Personal neben umfangreichen technischen Apparaturen verlangt, so daß u. U. die Zurverfügungstellung für sinn- und hoffnungslose Fälle die Hilfe für andere Patienten praktisch verhindern würde. Bei Nierentransplantationen hat sich das in Amerika als schweres Problem erwiesen, weil die Zahl derjenigen, welche die Niere von einem kürzlich Verstorbenen benötigen, weit höher ist, als die Zahl der möglichen Spender.

Aus diesen Gründen hat sich jetzt überall in Deutschland wie im Ausland die Ansicht durchgesetzt, daß es entscheidend auf den Gehirntod ankommt: Darunter versteht die Medizin „die grobanatomische oder feinstrukturelle Zerstörung des Gehirns in seiner Gesamtheit (Wawersik)[10]“. Sie führt zur Auflösung der biologischen Funktionseinheit des menschlichen Organismus und damit über kurz oder lang auch zum definitiven Verfall peripherer Organfunktionen. Wenn man früher aus Furcht vor Mißbrauch niemand das Recht zugestehen wollte, über Sinn und Wert menschlichen Lebens ein Urteil zu gestatten, so gehen die neueren Auffassungen von Theologen, Ärzten und Juristen dahin, daß all das, was wir unter menschlicher Persönlichkeit verstehen, mit dem Gehirntod aufgehört hat zu existieren.

Der Gehirntod folgt, wie Professor von Kress ausgeführt hat, dem nicht behobenen Herz- und Kreislaufstillstand etwa bei schwerer Erkrankung innerhalb von ca. 3—4 Minuten nach. In der übergroßen Mehrzahl dieser Fälle hat es keine praktische Bedeutung, ob man als den Todeszeitpunkt den Herzstillstand, dem der Gehirntod unweigerlich folgt, oder den letzteren, wenige

---

[10] a. a. O.

Minuten später liegenden, ansieht. Von praktischer Bedeutung sind, da der Todeszeitpunkt dann ein ganz anderer ist, nur die umgekehrten Fälle, in denen der Gehirntod vor der Irreversibilität des Herz- und Kreislaufstillstandes eingetreten ist. Das ist namentlich der Fall bei äußerer Gewalteinwirkung auf das Gehirn oder intrakraniellem Druckanstieg.

Dafür, den Gehirntod als den im Prozeß des Sterbenden maßgeblichen Zeitpunkt anzusehen, haben sich in Deutschland und der Schweiz, abgesehen von Kaiser[11], alle Juristen ausgesprochen, die sich mit dem Problem befaßt haben: Bockelmann[12], v. Bubnoff[13], Kohlhaas[14], Lüttger[15], Nissen[16], Hinderling[17], Strathenwert[18]; von den Medizinern sind u. a. zu nennen: Linder[19], Zenker[20], Wawersik[21], Spann/Kugler/Liebhardt[22], Brosig/Nagel[23], Maßhoff[24]. Folgt man diesem Standpunkt, so sind eine Reihe von Fragen zu klären.

a) Soll der Gesetzgeber den Todeszeitpunkt gesetzlich fixieren? Strathenwert[25] meint, solange der Arzt gewärtigen müßte, im Grenzbereich zwischen Leben und Tod rechtlich in Anspruch genommen zu werden, wäre es geradezu unredlich, der Medizin die ausschließliche Kompetenz zur Formulierung allgemeiner Kriterien des Todes zuzuschieben, sich die spätere juristische Prüfung solcher Kriterien aber doch vorzubehalten. Wo es um eine Diagnose von solcher Tragweite gehe, wie die des cerebralen Todes, und wo zugleich noch so viel Ungewißheit herrsche,

---

[11] Der Medizinische Sachverständige, 1969, S. 101.
[12] „Strafrecht des Arztes", S. 109.
[13] GA 1968, S. 76.
[14] NJW 1967, S. 1493.
[15] Vortrag vor der Berliner Katholischen Akademie vom 16. März 1969, im Druck befindlich.
[16] Hippokrates 1967, S. 232 ff.
[17] A. a. O., S. 65 ff.
[18] „Zum juristischen Begriff des Todes" in Festschrift für Engisch, 1969, S. 543 ff.
[19] FAZ vom 13. März 1969.
[20] „Möglichkeiten und Grenzen zukünftiger Chirurgie" in „Möglichkeiten und Grenzen der Medizin", 1967, S. 73.
[21] Vortrag über die „Bestimmung des Todeszeitpunktes", im Druck befindlich.
[22] MMW 1967, S. 2161 ff.
[23] Fortschritt der Medizin, 1968, S. 293 ff.
[24] Deutsche Apotheker Zeitung, 1967, S. 1581 und MMW 1968, S. 2473.
[25] A. a. O., S. 547.

wie hier, sei es sinnvoll zu fordern, daß rechtliche Mindestvoraussetzungen fixiert würden.

Ich bin nicht dieser Auffassung. Wesentlich ist nur, daß der unwiderrufliche Gehirntod allgemein akzeptiert wird; über die Methode seiner Feststellung besteht noch keine völlige Übereinstimmung, aber auf Grund des leidenschaftlichen Eifers mit dem das Problem in der ganzen Welt diskutiert wird, haben sich doch bereits übereinstimmend bestimmte Grundsätze herausgebildet. Etwas unterschiedlich ist nur die Bewertung gewisser zusätzlicher Symptome. In diesem Prozeß der Überzeugungsbildung vorzeitig einzugreifen, wäre verfehlt. So hat in Amerika ein sehr eingehender und ausführlicher Gesetzesentwurf, The Uniform Anatomical Gift Act[26], der bereits von drei Staaten (Kansas, Maryland, Louisiana) zum Gesetz erhoben worden ist[27], die Todeszeit nicht definiert[28]. Das Gesetz beschränkt sich auf die Forderung, der Arzt des Spenders müsse diesen für tot erklären und dürfe dem Operationsteam, das die Verpflanzung vornehme, nicht angehören. Daß der Gehirntod maßgebend ist, wird nunmehr fast ausnahmslos von allen amerikanischen Juristen angenommen[29]. In Italien hat ein Kongreß von Ärzten und Juristen einstimmig ebenfalls den Gehirntod für maßgebend erklärt[30]. In England hat der Fall POTTER 1963 Aufsehen erregt: Ein Mann wurde mit Schädelbruch und schwerem Gehirnschaden in eine Klinik eingeliefert; nach 14 Stunden stand das Herz still; sofort wurde die Reanimation begonnen, und nach 24 Stunden wurde ihm eine Niere zum Zweck der Transplantation entnommen; dann wurde die künstliche Beatmung eingestellt. Die Ärzte wurden, wie Sanders und Dukeminier[31] berichten, zwar kritisiert, weil sie eine Niere des Mannes entfernten, bevor dieser für tot erklärt wurde, sie wurden jedoch nicht gerichtlich verfolgt. Die vom Gesundheitsministerium be-

---

[26] Abgedruckt in „The Georgetown Law Journal", Volume 57, Number 1, 1968, S. 32.

[27] Vgl. Bulletin Of Legal Developments, 1968, S. 157.

[28] Vgl. Stason, The Business Lawyer, Volume 23, Number 4, 1968, S. 928.

[29] Leatherberry, Case Western Reserve Law Review, 1968, S. 1080; Stickel, Law And Contemporary Problems, 1967, S. 608.

[30] Stefanini in „Il trapianto degli organi umani e il diritto", 1968, S. 8; Vassalli ebenda, S. 54; differenzierter: Gilli/Bernardi in „Zacchia, Archivio di Medicina Legale, Sociale e Criminologica", Gennaio — Marzo 1969, S. 68 ff.

[31] Ucla Law Review, Volume 15, Number 2, 1968, S. 408.

rufene Sachverständigenkonferenz hat sich zwar gegen eine gesetzliche Todesdefinition ausgesprochen, aber doch bei unwiderruflicher Zerstörung des zentralen Nervensystems den Tod für gegeben angesehen[32]. Für Frankreich liegt ein Gesetzesentwurf vom 15. Dezember 1967 von Gerband vor, der den „mort clinique" bei Verletzungen annimmt, die mit dem Leben unvereinbar sind, d. h. wenn das Gehirnencephalogramm mindestens 10 Minuten flach ist. Der Ministerrat hat am 25. April 1968 die von der Französischen Medizinischen Akademie vorgeschlagene offizielle Todesdefinition gebilligt: Fehlen der Gehirntätigkeit, festgestellt durch wiederholte flache Encephalogramme und völligen Reflexmangel für eine genügende Zeit nebst „preuves concordantes"[33].

Der Weltärztebund in Sidney hat folgende Resolution[34], die von den 212 Teilnehmern aus 28 Nationen gebilligt wurde, gefaßt:

„Die Bestimmung des Zeitpunktes des Todes steht bei den meisten Staaten unter der gesetzlichen Verantwortung des Arztes, und so sollte es bleiben.

Infolge von zwei neuen Techniken, die kürzlich in der Medizin üblich geworden sind, hat sich jedoch die Notwendigkeit eines weiteren Studiums des Problemes der Bestimmung des Todeszeitpunktes ergeben:

1. Der Möglichkeit, mit künstlichen Mitteln die Cirkulation des mit Sauerstoff bereicherten Blutes in den Geweben des Körpers aufrecht zu erhalten, die irreversibel betroffen sind;

2. dem Gebrauch von Organen, wie Herz oder Nieren, die von Leichnamen zum Zwecke der Transplantation entnommen werden.

Eine Komplikation besteht in der Tatsache, daß der Tod ein gradueller Prozeß im Bereich der Zellen ist, angesichts der verschiedenen Fähigkeit der unterschiedlichen Gebiete, das

---

[32] Castel, The Canadian Bar Review, Volume 46, Number 3, 1968, S. 352, Anm. 13.

[33] Fourgoux/Py, Gazette du Palais, 1968, S. 87; ebenso Hamburger auf dem 2. Internationalen Kongreß über Fortschritte der Medizin und die Verantwortung der Ärzte, Kongreßakte, Bd. I, S. 297, zitiert bei Savatier, Recueil Dalloz, 1968, S. 91 Anm. 14; ebenso der Weltärztekongreß Genf vom 13. bis 14. Juni 1968, zitiert bei Gilli/Bernardi a. a. O., S. 59.

[34] Zitiert bei Gilli/Bernardi, a. a. O., S. 61.

Fehlen von Sauerstoff zu ertragen. Aber das klinische Interesse ist nicht so sehr auf die Erhaltung einzelner isolierter Zellen gerichtet als vielmehr auf den Tod der Person.

Wichtig ist nicht so sehr der Augenblick des Todes der verschiedenen Zellen und Organe als vielmehr die Sicherheit, daß der Prozeß irreversibel geworden ist, welche Technik der Reanimation immer angewandt wird.

Diese Entscheidung muß auf ein klinisches Urteil gestützt werden, das notfalls durch eine gewisse Anzahl diagnostischer Hilfen gestützt werden muß, unter ihnen das Encephalogramm (bekannt als EEG, das die Gehirntätigkeit mißt), das augenblicklich das wichtigste Hilfsmittel darstellt.

Jedoch ist bei dem gegenwärtigen Stand der ärztlichen Wissenschaft kein technisches Kriterium für sich allein völlig befriedigend, und keines der technischen Verfahren wird das Urteil des Arztes ersetzen können.

Für den Fall der Transplantation eines Organs wird die Entscheidung, daß der Tod eingetreten ist, von zwei oder mehr Ärzten zu treffen sein, und die Ärzte, die den Todeszeitpunkt festzustellen haben, dürfen nichts mit der Transplantation zu tun haben.

Die Bestimmung des Todeszeitpunktes erlaubt vom ethischen Gesichtspunkt aus das Einstellen der Versuche einer Reanimation, und in den Staaten, in denen das Gesetz es erlaubt, wird die Entnahme von Organen aus dem Leichnam unter der Bedingung erlaubt sein, daß die gesetzlichen Bestimmungen über etwaige Einwilligungserklärungen befolgt werden".

b) Wie wird der Gehirntod in Deutschland festgestellt? Es kann nicht Sache des Juristen sein, die in den Grundzügen übereinstimmende, nur in Einzelheiten voneinander etwas abweichenden Stellungnahmen der medizinischen Gesellschaften und Standesorganisationen darzulegen. Die von der Deutschen Gesellschaft für Chirurgie beauftragte Kommission, bestehend aus Herzspezialisten, Anaesthesisten sowie Professor Hanack als Juristen erarbeitete Stellungnahme ist in der Zeitschrift „Der Chirurg" 1968, auf den Seiten 196/197 veröffentlicht[35].

---

[35] *Sie lautet:*
Grundsätzlich können aus medizinischer Sicht als Zeichen des Todes wie bisher die fehlende Atmung und Herztätigkeit sowie die sekundären Er-

Wawersik[36] hat nochmals auf Grund des letzten Standes der Untersuchungen bestätigt, daß der Organtod des Gehirns in bestimmten Situationen objektiviert werden kann, wobei allerdings ein bestimmtes Beobachtungsintervall von 12 bis 48 Stunden — er wird verschieden eingeschätzt — erforderlich sei. Wir können jetzt mit einer der neueren amerikanischen Veröffentlichungen[37] feststellen, daß „die medizinische Gemeinschaft in Bewegung auf einen Consensus in dieser wichtigen Frage ist" („is moving toward a consensus on this important issue").

c) Eine schwierige und noch recht ungeklärte Frage ist die, wer nach dem Tode für die Entnahme von Organen des Verstorbenen seine Einwilligung geben muß[38]. § 168 StGB, der die unbefugte Wegnahme von Leichenteilen aus dem Gewahrsam der Berechtigten unter Strafe stellt, ist ein Strafgesetz, aber keine Norm im Sinne Bindings. Die Bestimmung setzt die Verletzung der Rechte der berechtigten Gewahrsamsinhaber voraus, besagt aber nichts darüber, wer berechtigt ist. Einigkeit besteht nur darüber, daß es an Leichen kein Sachenrecht gibt, wiewohl Leichen „Sachen" sind (res extra commercium). Als Berechtigte werden meistens „die Angehörigen" bezeichnet[39], von Welzel[40] dagegen die Erben und hinter ihnen das Krankenhaus. Der

---

scheinungen der Abkühlung, Muskelstarre und Totenflecke gelten.

In Sonderfällen kann sich unter den Methoden einer modernen Reanimation (Herzmassage, künstliche Beatmung) der Prozeß des Sterbens jedoch so verändern, daß es nicht mehr ohne weiteres möglich ist, die Todeserklärung auf Grund eines Atem- und Kreislaufstillstandes auszusprechen. Es ist vielmehr notwendig, diese Kriterien dann in eine Analyse des gesamten Krankheits- oder Unfallverlaufes einzubeziehen. Dabei ist vor allem der *Zustand des Gehirns* und dessen Abhängigkeit vom Kreislauf zu berücksichtigen.

Da ein zeitlich begrenzter, desintegrierter Fortbestand peripherer Organfunktionen vorkommt, ist in Zweifelsfällen der Todeszeitpunkt vom *Organtod des Gehirns* abhängig zu machen. Hierunter ist die grobanatomische oder feinstrukturelle Zerstörung des Gehirns in seiner Gesamtheit zu verstehen, die zur Auflösung der biologischen Funktionseinheit führt und nach einem kürzeren oder längeren Zeitintervall den definitiven Verfall peripherer Organfunktionen nach sich zieht.

In der Praxis ergeben sich im wesentlichen drei verschiedene Situationen:
I. Der *Gehirntod* ist anzunehmen, wenn
1. die bisher gültigen Todeskriterien vorhanden sind oder
2. nach einer therapeutisch nicht mehr beeinflußbaren Kreislaufdepression ein Atem- und Herzstillstand eintritt;
   a) am Ende einer progredienten und unheilbaren Krankheit auf Grund des definitiven, unersetzlichen Verlustes eines lebenswichtigen Organs oder
   b) bei fortschreitendem Verfall der vitalen Funktionen in ihrer Gesamtheit.

strafrechtliche Angehörigenbegriff des § 52 II StGB ist sicher unanwendbar; näher läge es, § 2 des Feuerbestattungsgesetzes heranzuziehen, der die Angehörigen, die über die Beerdigung zu entscheiden haben, definiert und auch eine Art Rangordnung entsprechend der Nähe der Beziehung zum Verstorbenen aufstellt. Strittig ist weiter, wer „Gewahrsam" an der Leiche im Sinne des § 168 StGB hat, das Krankenhaus oder dieses hinter den Angehörigen oder gar die Erben. Die wohl richtige Ansicht gibt Gewahrsam im Sinne des § 168 StGB dem Krankenhausleiter; deshalb verwirkt entgegen der Ansicht von Bubnoffs[41] der Krankenhausleiter, der ohne Genehmigung der Angehörigen von der im Krankenhaus befindlichen Leiche Teile entnimmt, nicht den Tatbestand des § 168 StGB. Damit ist aber die Frage nicht entschieden, ob der Arzt ohne Genehmigung der Angehörigen Leichenteile verpflanzen darf.

M. E. läßt sich aus dem geltenden Recht eine Pflicht, die Genehmigung von Angehörigen einzuholen, nicht herleiten. Sie haben nur Art und Ort der Beerdigung zu bestimmen und daher Anspruch darauf, die Leiche in einem nicht das Pietätsgefühl verletzenden Zustand zur Beerdigung übergeben zu erhalten. So wenig die klinische Obduktion die Rechte der Angehörigen

---

Hierbei besteht zwar eine geringe zeitliche Differenz von wenigen Minuten zwischen Herzstillstand und Gehirntod. Trotzdem darf der Gehirntod bereits zum leichter faßbaren Zeitpunkt des Herzstillstandes postuliert werden, um so mehr als in Anbetracht der inkurablen Gesamt-Situation Wiederbelebungsmaßnahmen nicht indiziert sind.

II. Der *Gehirntod* ist schon vor dem Aussetzen der Herzaktion bewiesen, wenn es im Falle einer direkten Schädigung des Gehirns durch äußere Gewalteinwirkung oder intracraniellen Druckanstieg.

1. zu folgenden gleichzeitigen Ausfallserscheinungen des Zentralnervensystems über 12 Std. kommt:

a) Bewußtlosigkeit,

b) fehlende Spontanatmung,

c) beidseitige Mydriasis und fehlende Lichtreaktion,

d) isoelektrische Linie im Elektroencephalogramm unter angemessenen Ableitebedingungen während einstündiger kontinuierlicher Beobachtungsdauer,

e) Fortbestand der Kiterien a—c und nochmaliger Nachweis der isoelektrischen Linie im EEG (wie bei d) nach 12 Std., oder wenn es aus den gleichen Ursachen.

2. zu einem angiographisch nachgewiesenen intracraniellen Kreislaufstillstand kommt und diese cerebrale Zirkulationsunterbrechung wenigstens 30 min bestanden hat.

III. Der *Gehirntod* ist noch nicht anzunehmen, wenn es wegen zentraler oder peripherer Ateminsuffizienz oder wegen Ursachen, die von der Atmung

verletzt, so wenig berührt es ihre Rechtssphäre, wenn die Leiche ihnen nach Entnahme eines Organs zur Bestattung übergeben wird. Kohlhaas[42] und Bucher[43] haben mit Recht davor gewarnt, den Arzt zu verpflichten, an den Sterbenden kurz vor dem Tod oder die Angehörigen unmittelbar danach die Frage zu stellen, ob der Organtransplantation zugestimmt wird. Die Frage würde, so sagt Bucher, durch die Tatsache, daß sie gestellt wird, mehr verletzen, als der Eingriff selber, der der Fragestellung zugrunde liegt.

Wollte man dagegen aus den Vorschriften, die den Angehörigen das Recht verleihen, Ort und Art der Bestattung zu bestimmen, weiter ableiten, daß sie auch der Organentnahme zustimmen müssen, so könnte man von der widerlegbaren Vermutung ausgehen[44], daß sie in dringenden Fällen nichts gegen die Transplantation einzuwenden hätten.

In jedem Fall könnte aber ein Rechtfertigungsgrund für den Arzt, der schnell handeln muß, aus den Grundsätzen des sogenannten übergesetzlichen Notstandes entnommen werden[45]. Es sollte nicht bezweifelt werden, daß die Möglichkeit, ein Menschenleben zu retten, gegenüber dem Pietätsgefühl der Ange-

unabhängig sind, zu einem Herzstillstand kommt, aber das Zentralnervensystem bis dahin intakt oder erfahrungsgemäß erholungsfähig war. Handelt es sich bei dem Unglücks- oder Zwischenfall, der zum Atem- und Herzstillstand führte, um eine akute Ursache sui generis, die momentan beseitigt werden kann, so ist zunächst mit Wiederbelebungsmaßnahmen zu beginnen, sofern die Wiederbelebungszeit des Gehirns wahrscheinlich noch nicht überschritten ist. Im weiteren Verlauf ergeben sich zwei Möglichkeiten:

1. Die spontane Herzaktion setzt trotz adäquater Herzmassage nicht wieder ein. In diesem Fall gilt der Eintritt des primären Kreislaufstillstandes als Todeszeitpunkt.

2. die Herzaktion kommt zwar wieder zustande, der Patient bleibt jedoch bewußtlos und ohne Spontanatmung. Er gilt dann als lebend und ist nach den üblichen Regeln der Intensivpflege zu behandeln, solange die übrigen Zeichen des Gehirntodes (s. II) nicht erfüllt sind."

[36] Vortrag über die „Bestimmung des Todeszeitpunktes", im Druck befindlich.

[37] Sadler, The Georgetown Law Journal, Volume 57, Number 1, 1968, S. 28.

[38] Hierzu Kiessling in NJW 1964, S. 533.

[39] Schwarz-Dreher, 30. Aufl., 1968, Anm. 1 B zu § 168 StGB.

[40] Das Deutsche Strafrecht, 10. Auflage, 1967, § 65 V 1, S. 430.

[41] A. a. O., S. 73.

[42] A. a. O., S. 1490.

[43] In Largiadèr „Organtransplantation", S. 81.

[44] Bucher a. a. O., S. 80.

[45] Bockelmann a. a. O., S. 107 Anm. 37.

hörigen das höherwertige Rechtsgut ist. Stimmt man dem zu, so erscheint es widerspruchsvoll, erst das Bemühen um eine Einwilligung vom Arzt zu verlangen, aber bei verneinender Antwort ihm doch das Recht aus dem Gesichtspunkt der Güter- und Pflichtenabwägung zuzusprechen[46].

In Frankreich erwägt Savatier[47] die analoge Anwendung eines Dekrets vom 20. Oktober 1947, das die Autopsie und Organentnahme in bestimmten Krankenhäusern auch ohne ausdrückliche Genehmigung durch die Familie erlaubt. Er weist auf die Schwierigkeiten hin, die Transplantation an die Einwilligung des Verstorbenen oder seiner Verwandten zu knüpfen. Es sei schwierig, unmittelbar nach dem Tode mit einer derartigen Bitte an die Verwandten heranzutreten. Illusorisch sei es auch, eine schriftliche vor dem Tode des Spenders erteilte Genehmigung zu verlangen. Daher sei es richtiger, die Transplantation für zulässig zu halten, falls kein ausdrücklicher Widerspruch seitens des Verstorbenen oder durch einen Aszendenten oder Deszendenten erfolgt ist[48]. Das positive Recht stehe dem nicht entgegen. Eine Grenze würde auch ich de lege lata ziehen. Das Selbstbestimmungsrecht des Menschen wirkt über seinen Tod hinaus. Einwilligungserklärungen, seien sie formularmäßig oder individuell, sollten dem Todkranken nicht abverlangt werden. Sein ausdrücklich erklärter entgegenstehender Wille muß respektiert werden. Hier wirkt durch Art. I GG die menschliche Würde über den Tod hinaus und an dieser Stelle, wo nicht Pietätsempfinden Angehöriger, sondern das Selbstbestimmungsrecht des Menschen in Frage steht, sehe ich auch keine Möglichkeit einer Güter- und Pflichtenabwägung.

All dies ist sehr umstritten und wird es bleiben, bis der Gesetzgeber eingreift. Diese Zweifelsfragen allerdings soll und muß er klären.

Ein Hinweis auf ausländische Rechte, die eine solche Regelung schon getroffen haben, scheint mir angebracht. Wichtig ist der bereits erwähnte Uniform Anatomical Gift Act[49]. Er ist Werk

---

[46] Bockelmann, a. a. O., S. 107 Anm. 37 gegen v. Bubnoff, a. a. O., S. 73 ff.

[47] Recueil Dalloz, 1968, S. 89, 94.

[48] Dagegen Fourgoux/Py, a. a. O., S. 86: Sie fordern die Einwilligung von Aszendenten und Deszendenten, nehmen aber eine „excuse justficative" an, wenn durch die Transplantation ein Leben gerettet werden soll.

[49] Abgedruckt in „The Georgetown Law Journal", Volume 57, Number 1, 1968, S. 32.

einer Kommission und wurde von der American Bar Association gebilligt[50]. Es ist jener Entwurf, der von Kansas, Louisiana und Maryland bereits mit geringfügigen Abweichungen kodifiziert ist.

Danach kann jeder geistig gesunde Mensch im Alter von 18 Jahren an einen Teil seines Körpers oder den ganzen Körper vergeben.

Die folgenden Personen können bei Fehlen konkreter Kenntnis eines entgegenstehenden Willens des Verstorbenen die Vergabe in der Reihenfolge vornehmen, in der sie aufgezählt sind, sofern kein entgegenstehender Wille eines Rangnäheren oder eines der gleichen Klasse feststeht:

1. Der Ehegatte
2. Erwachsener Sohn oder Tochter
3. Jeder Elternteil
4. Erwachsener Bruder oder Schwester
5. Derjenige, der die Pflegschaft über die Person zur Todeszeit hatte
6. Jede andere Person, die autorisiert oder verpflichtet ist, über den Körper zu verfügen.

Die Vergabe kann durch Testament oder durch andere Urkunde erfolgen. Die testamentarische Vergabe wird wirksam mit dem Tode, ohne daß ein Beweis erhoben werden müßte; wird das Testament nicht anerkannt oder für unwirksam erklärt, so bleibt die gutgläubig vorgenommene Vergabe doch wirksam. Die Vergabe kann auch durch Urkunde erfolgen, sie wird mit dem Tod des Schenkers wirksam. Die Vergabe durch Urkunde wird ebenfalls mit dem Tode des Schenkers wirksam. Die Urkunde muß in Gegenwart von zwei Zeugen abgefaßt und unterschrieben werden.

Ein Widerruf ist jederzeit möglich.

Die Todeszeit ist durch den Arzt des Spenders oder einen anderen Arzt festzustellen. Er darf nicht dem Ärzteteam angehören, das die Transplantation vornimmt.

Die finanzielle Seite, d. h. ob ein Entgelt gezahlt werden darf, ist nicht geregelt. Im Schrifttum ist die Frage für die Verpflanzung unter Lebenden behandelt.

---

[50] Sadler, a. a. O., S. 18.

In Frankreich ermächtigt ein Gesetz vom 7. April 1949 in bestimmten Krankenhäusern den leitenden Arzt, Leichenteile ohne Genehmigung der Angehörigen zu entnehmen. Savatier[51] hält eine gesetzliche Regelung für notwendig.

4. Bedeutsam sind auch die zahlreichen Rechtsfragen, die sich an die Organtransplantation unter Lebenden knüpfen.

Im Ausland gibt es teilweise gesetzliche Regelungen; so in Italien ein Gesetz vom 26. Juni 1967 Nr. 458, das aber nur die Nierenverpflanzung betrifft. Spender können nur nahe Verwandte des Empfängers sein, der Amtsrichter muß die Spende genehmigen; sie darf nur unentgeltlich erfolgen.

In Amerika bestehen unterschiedliche Regelungen in den einzelnen Staaten; teils fehlen Gesetze; in anderen Staaten sind sie auf die Hornhaut des Auges beschränkt, wieder in anderen Staaten auf alle Teile des Körpers ausgedehnt[52]. Eine entgeltliche Veräußerung wird meistens für nicht anstößig angesehen, wenngleich die daran geknüpften steuerrechtlichen Erwägungen (Vermögens-, Einkommens-, Umsatzsteuern) uns recht makaber erscheinen.

In Deutschland knüpfen sich mangels einer gesetzlichen Regelung die Probleme an die Frage der Einwilligung. Auf die zivilrechtliche Frage, ob es sich um ein Rechtsgeschäft handelt[53] oder ob, wie der Bundesgerichtshof[54] annimmt, die körperliche Unversehrtheit zwar nicht Gegenstand eines Rechtes des Trägers ist, aber als Rechtsgut Dritten gegenüber Rechtsschutz genießt, braucht hier nicht eingegangen zu werden.

Da es sich nicht um Heilbehandlung des Spenders handelt, sondern eindeutig um Körperverletzung, fragt es sich, wann der Eingriff trotz der Einwilligung den guten Sitten widerspricht. Voraussetzung ist zunächst ausreichende Aufklärung über die Risiken und Nachteile der Operation für den Spender und die Chancen für den Empfänger. Auf die Aufklärung legt auch der im British Medical Journal vom 26. April 1968, Volume 2, Number 65, Seite 40, veröffentlichte Beschluß des ärztlichen Rates großes Gewicht. Nach der überwiegenden auch vom

---

[51] Semaine Juridique 1969, S. 2248.
[52] Übersicht bei Sadler, a. a. O., S. 35.
[53] Enneccerus — Nipperdey, Lehrbuch des Bürgerlichen Rechts, Allgemeiner Teil, 2. Halbband, 15. Aufl., 1960, § 151 II e, S. 933.
[54] BGHZ 29/33, 34/355.

Bundesgerichtshof[55] geteilten Auffassung muß der Arzt beim
Heileingriff nur über die typischen Gefahren, die also gerade
mit der in Frage stehenden Behandlungsart verbunden zu sein
pflegen, aufklären. Für die Organtransplantation läßt sich
sehr wohl eine weitergehende Aufklärungspflicht auch über
atypische, auf denkbaren außergewöhnlichen Komplikationen
beruhenden Folgen mit Nissen[56], Kohlhaas[57] und von Bubnoff[58]
rechtfertigen, da es sich nicht um eine Heilbehandlung des Spenders handelt. Der Spender muß die Einwilligung frei und im
vollen Besitz seiner geistigen Kräfte abgeben. Bei Minderjähri-
gen ist volle Reife, daneben auch nach der, namentlich von
Engisch[59] vertretenen Ansicht, die Einwilligung des Elternteiles
erforderlich, dem das persönliche Sorgerecht zusteht. Ob die
Eltern, namentlich bei sogenannter Isotransplantation, unter
einwilligungsunfähigen Zwillingen die Einwilligung wirksam
geben können, ist umstritten. Dies wird von manchen überhaupt
verneint[60]. In Massachusetts hat ein Gericht[61] bei 14jährigen
Zwillingen die Rechtmäßigkeit einer Nierenentnahme von
einem Zwilling für den anderen mit der Begründung bejaht, der
14jährige habe dafür Verständnis und die Versagung der Genehmigung müßte für ihn, den Spender, eine untragbare see-
lische Belastung darstellen, wenn der Empfänger deshalb sterben
müsse. Im deutschen Schrifttum überwiegt die Meinung[62], daß
dem Motiv des Spenders keine entscheidende Rolle zukommen
solle. Das ist wichtig für die Wirksamkeit einer gegen Entgelt
gegebenen Einwilligung, aber auch etwa bei Strafgefangenen,
die sich damit vorzeitige Entlassung sichern wollen. Ich bin der
Meinung, daß der deutsche Gesetzgeber wie der italienische die
Entgegennahme eines Entgelts verbieten sollte. Es ist etwas
wesentlich anderes, ob jemand für Blutspende ein Honorar erhält, oder ob er einen Teil seines Körpers für eine Verpflanzung
hergibt. An die Freiwilligkeit des Eingriffes müssen, wie auch
bei der Sterilisation, strenge Anforderungen gestellt werden.

---

[55] BGHZ 29/46.
[56] A. a. O., S. 28.
[57] A. a. O., S. 1490.
[58] A. a. O., S. 78.
[59] Der Chirurg, 1967, S. 253.
[60] Engisch, a. a. O., S. 253; v. Bubnoff, a. a. O., S. 69.
[61] Sanders und Dukeminier, a. a. O., S. 390.
[62] v. Bubnoff, a. a. O., S. 67; Kohlhaas, a. a. O., S. 1491.

Eine letzte Frage ist die, wie der Arzt zu entscheiden hat, wenn nur ein Organspender, aber mehrere Bedürftige vorhanden sind. Aus London wird berichtet, daß in den letzten drei Jahren 120 Personen eine künstliche Niere benötigten, aber nur 21 Plätze verfügbar waren. Von den 99 Nichtversorgten blieb nur einer am Leben[63]. Nur negativ läßt sich sagen, daß es nicht auf die Würdigkeit, Tüchtigkeit oder die sonstigen Qualitäten des Empfängers ankommen kann, sondern nur darauf, bei wem die Operation die größten Chancen bietet. Ob es zweckmäßig ist, wie es in einzelnen Staaten Amerikas der Fall ist, die Frage nicht von dem Operationsteam, sondern von einer Art anonymen Bürgerausschuß entscheiden zu lassen, wage ich zu bezweifeln, da doch so unsichere Kriterien wie „der soziale Wert" des Empfängers eine Rolle spielen. Diese in Amerika heiß umstrittene Frage kann ich nicht vertiefen[64].

Abschließend möchte ich bemerken, daß ich nicht alle Rechtsfragen darstellen wollte, die im Zusammenhang mit der Organtransplantation aufgeworfen worden sind, sondern daß es mir darauf ankam, die wichtigsten, die eigentlich brennenden rechtlichen Zweifelsfragen darzulegen, und über den heutigen Stand der Diskussion im In- und Ausland zu berichten. So wenig ich der Ansicht bin, der Gesetzgeber solle jetzt schon, wo die Diskussion im Fluß ist, sich vorzeitig festlegen, so meine ich doch, daß in einigen der dargelegten Probleme, namentlich soweit es sich um gewisse Mindestvoraussetzungen einer Organtransplantation handelt, das Gesetz stufenweise eine Entscheidung treffen sollte. Das gilt namentlich bei der Transplantation unter Lebenden für die Anforderungen, die an die Einwilligung des Spenders oder seines gesetzlichen Vertreters zu stellen sind, und für die Frage, ob das Gericht, wie im italienischen Gesetz über die Nierentransplantation, eingeschaltet werden soll. Bei der Übertragung von einem Toten sollte zwar nicht die Bestimmung des Todeszeitpunktes, wohl aber festgelegt werden, ob ein entsprechender Wille des Verstorbenen positiv festgestellt werden muß, oder wenigstens vermutet werden darf; ob und welche Angehörigen gegebenenfalls ihre Zustimmung zu geben haben, oder ob allgemein oder jedenfalls unter dem Gesichtspunkt des über-

---

[63] Sanders und Dukeminier, a. a. O., S. 367.
[64] Sanders und Dukeminier, a. a. O., S. 153 ff.

gesetzlichen Notstandes davon abgesehen werden kann; ferner wer zur Feststellung des Todes befugt ist. Ärzte und Juristen werden gemeinsam an der Lösung dieser Fragen weiterarbeiten müssen, aber jetzt schon scheint mir die Zeit reif zu sein, analog dem „Uniform Anatomical Gift Act" durch Gesetzesakt eine Reihe umstrittener Fragen zu entscheiden.

HORST TROCKEL

Die Rechtswidrigkeit klinischer Sektionen

Eine Frage der Rechtswissenschaft und der Medizin
Oktav. XVI, 163 Seiten. 1957. DM 12,—
(Neue Kölner Rechtswissenschaftliche Abhandlungen, Heft 10)

GEORG B. GRUBER

Arzt und Ethik

2., verbesserte und vermehrte Auflage
Oktav. 89 Seiten. 1956. DM 6,80

HANS MARCH

Fehlerquellen medizinischer Begutachtung

Fälle und Probleme
Groß-Oktav. VII, 350 Seiten. 1968. Plastik flexibel DM 28,—

CARL BRUNO BLOEMERTZ

Die Schmerzensgeldbegutachtung

Leitfaden für Ärzte, Juristen und Versicherungsfachleute
2., völlig neu bearbeitete Auflage
Oktav. VIII, 163 Seiten. 1968. Ganzleinen DM 26,—

Walter de Gruyter & Co · Berlin 30

* 9 7 8 3 1 1 0 0 1 1 3 1 9 *